INSTRUCTION

À L'USAGE DES POSTES

DE LA

LIGNE TÉLÉGRAPHIQUE

DE LA SAONE

LYON

IMPRIMERIE DE LYON

1876

INSTRUCTION

A L'USAGE DES POSTES

DE LA

LIGNE TÉLÉGRAPHIQUE

DE LA SAONE

CHAPITRE I

COMPOSITION ET DESCRIPTION SOMMAIRE DES APPAREILS D'UN POSTE.

Composition générale.   1. — Chaque poste télégraphique comporte essentiellement les appareils suivants :

1° Une pile ;
2° Un manipulateur ;
3° Un récepteur ;
4° Deux galvanomètres ;
5° Deux commutateurs ;
6° Deux sonneries à trembleur ;
7° Deux paratonnerres à bobine ;
8° Deux paratonnerres à pointes.

Pile.   2. — La pile est constituée par des éléments Leclanché
au nombre de quinze, vingt ou vingt-cinq, suivant les
distances des postes voisins. Tous ces éléments sont ren-
fermés dans une boîte percée de deux trous permettant la
communication du pôle positif avec le manipulateur et du
pôle négatif avec la terre.

3. — Chaque élément se compose de trois parties bien
distinctes : un vase en verre destiné à recevoir du chlor-

hydrate d'ammoniaque qu'on fait dissoudre dans l'eau ; un vase poreux renfermant un sel de manganèse et qu'on plonge en entier dans la dissolution saline ammoniacale ; un bâton de zinc, qui plonge également dans la dissolution saline ammoniacale. Le bâton de zinc de chaque élément est relié par un ruban en cuivre avec le vase poreux de l'élément voisin. Le pôle positif correspond au dernier vase poreux, qui n'est lui-même relié à aucun zinc ; le pôle négatif correspond au dernier zinc, qui n'est lui-même relié à aucun vase poreux. En réunissant, par de bons conducteurs de l'électricité, le dernier vase poreux (pôle positif) avec le dernier zinc (pôle négatif), on provoque dans le circuit ainsi créé le passage d'un courant dynamique dont l'intensité est en rapport avec le nombre des éléments employés. L'expérience a démontré qu'une partie du circuit métallique pouvait être remplacée par la terre. Ainsi, il y a également circuit fermé et par conséquent passage de courant, lorsque le pôle négatif étant mis en communication intime avec la terre (par un câble plongeant dans un puits profond, par exemple), le fil qui part du pôle positif est mis aussi en communication intime avec la terre à une distance plus ou moins considérable de son point de départ.

Manipulateur. 4. — Le manipulateur est formé par un plateau en cuivre reposant sur une petite table isolante et divisé à sa partie supérieure : d'une part, en vingt-six secteurs par des lignes diamétrales ; d'autre part, en plusieurs zones par des cercles concentriques. L'intersection des cercles concentriques et des lignes diamétrales détermine la constitution de vingt-six cases à chaque zone. La zone extérieure renferme à l'une de ses cases une croix (✠), et, à chaque autre case, l'une des vingt-cinq lettres de l'alphabet français. La deuxième zone porte, outre les dix chiffres arabes 1, 2, 3, 4, 5, 6, 7, 8, 9, 0, un certain nombre de signes conventionnels usités dans l'écriture ou la conversation ; la case correspondante à la ✠ est vide. La zone intérieure est complètement vide de toute indication.

5. — Au centre du plateau est placé un pivot dont la rotation provoque, par l'intermédiaire d'une roue sinueuse à gorge, le mouvement de va et vient d'une languette métallique ; cette rotation s'opère au moyen d'une bielle, munie d'une manivelle ou manette, qu'on actionne à la main et qu'on peut successivement amener en face de chacune des vingt-six cases dans lesquelles est divisé le limbe du manipulateur. A chaque case correspond un mouvement simple de la languette métallique qui vient ainsi battre successivement contre des pointes de platine supportées par des bornes reposant directement sur la table isolante en bois du manipulateur. Outre ces deux bornes (P et Q) (1) qui communiquent, l'une avec le pôle positif de la pile, l'autre avec le récepteur, la même table isolante porte une troisième borne (G) reliée avec le manipulateur d'une part et, d'autre part, avec les galvanomètres dont il sera ultérieurement parlé.

Récepteur. 6. — Le récepteur se compose essentiellement de deux électro-aimants et d'une plaque en fer doux dont les oscillations provoquent la marche d'une aiguille sur un cadran émaillé portant exactement les mêmes divisions et indications que le limbe du manipulateur ci-dessus décrit. Sous l'influence d'un courant passant dans les électro-aimants, la plaque de fer doux est attirée, l'aiguille avance d'une case sur le cadran. Le courant cesse-t-il de passer, la plaque de fer doux revient aussitôt à sa position normale, l'aiguille avance encore d'une case et ainsi de suite. Les oscillations de la plaque de fer doux et la marche de l'aiguille sont directement reliées par un mouvement d'horlogerie dont les dispositions, variables suivant les appareils, tendent toujours au même but de liaison des deux appareils. Le mouvement d'horlogerie fonctionne lui-même sous l'influence d'un ressort en acier renfermé dans un barillet. La boîte en bois qui contient tout l'appareil porte sur son soubassement deux bornes, dont la première (R) est, comme nous l'avons déjà vu, en commu-

---

(1) Voir le plan type d'une table de poste.

nication avec l'une des bornes (Q) du manipulateur, tandis que la seconde (U) est liée à un fil *de terre*. Un bouton noir (Z) placé à la partie supérieure de la boîte permet de ramener l'aiguille à la croix.

Galvanomètres. 7. — Chaque poste, étant en relations avec l'amont et avec l'aval, est muni de deux galvanomètres, placés chacun sur l'une des lignes à desservir. Le galvanomètre se compose d'une bobine sur laquelle sont entourés des fils métalliques isolés par une enveloppe en soie, et dans l'intérieur de laquelle une aiguille aimantée peut osciller horizontalement sur un pivot vertical. Sous l'influence d'un courant passant par la bobine, l'aiguille aimantée subit une déviation d'autant plus intense que le courant est plus énergique ; la déviation, dont on peut lire l'intensité sur un limbe gradué, s'opère toujours de telle sorte que le pôle boréal (1) de l'aiguille aimantée se porte sur la droite même du courant (on appelle droite du courant le côté droit d'un bonhomme qui, couché sur le fil et regardant l'aiguille aimantée, recevrait le courant des pieds à la tête). Le tout est renfermé dans une boîte en cuivre portée elle-même par un petit plateau circulaire en bois. Les extrémités des fils qui s'enroulent sur les bobines correspondent avec des bornes (I. J) fixées au plateau en bois, et reliées métalliquement : l'une (I) avec la borne d'arrière du manipulateur, l'autre (J) avec les commutateurs dont il va être question.

Commutateurs. 8. — A chaque ligne correspond un commutateur. Cet appareil est constitué par une tablette portant à sa partie supérieure cinq plaques métalliques, séparées les unes des autres par un intervalle de quelques millimètres et, par conséquent, absolument isolées à l'état normal. La plaque du milieu se prolonge sur toute la longueur de la tablette ; au contraire, de chaque côté, la même longueur est occupée par deux autres plaques. Chacune des cinq plaques est munie d'une borne de liaison et peut être mise en com-

---

(1) On appelle pôle boréal, le pôle de la pointe de l'aiguille aimantée qui se dirige naturellement vers le Nord ; et pôle austral, celui de la pointe qui se dirige vers le Sud.

munication directe avec les autres au moyen de poupées métalliques mobiles qu'on fait pénétrer dans des orifices circulaires, à cheval sur les intervalles vides. L'une des bornes (B) est en communication avec le galvanomètre et, par suite, avec le manipulateur et le récepteur ; la deuxième (S) avec la sonnerie ; la troisième (L), correspondante à la plaque médiane, avec le paratonnerre à bobine et, par suite, avec le fil de ligne ; la quatrième (D) avec le second commutateur du poste ; quant à la cinquième (V), elle n'est pas utilisée dans les postes ordinaires.

Sonneries. 9. — Une sonnerie spéciale est également affectée à chaque ligne d'amont et d'aval. Elle se compose d'un ou de plusieurs électro-aimants et d'une plaque en fer doux portant à sa partie supérieure un marteau qui peut frapper sur un timbre métallique. Un courant passe-t-il, les électro-aimants attirent la plaque en fer doux et le marteau frappe le timbre ; mais par ce mouvement, le courant se trouve interrompu brusquement et un ressort ramène de suite la plaque à sa position primitive ; le courant se rétablit ; il y a rapprochement avec l'électro-aimant, rupture nouvelle du courant, retour à l'état initial et ainsi de suite tant qu'on n'a pas extérieurement supprimé le courant aboutissant à la sonnerie. L'appareil est muni de deux bornes (C.Y) en communication l'une (C) avec le commutateur, l'autre (Y) avec un fil de terre.

Paratonnerre à bobine. 10. — Le paratonnerre à bobine est constitué par un plateau muni : 1° de trois bornes, 2° de deux plaques (A et T), 3° d'un levier oscillant, 4° de trois supports isolés, portant chacun un œil dans lequel on peut insérer un petit cylindre dit *bobine*. Des trois bornes, l'une (E) communique à la fois avec le commutateur et avec l'un (M) des supports extrêmes ci-dessus mentionnés ; la seconde (F) avec la ligne extérieure et le levier mobile (H) ; la troisième (X) avec un fil de terre et la plaque (T). Le levier mobile peut être amené soit sur la plaque (A) en relation métallique avec l'un (N) des supports extrêmes, soit sur l'autre plaque (T) en liaison avec la troisième borne (X) de terre. Cette plaque (T) est elle-même reliée au support intermédiaire (O). La bobine se compose réellement de trois cylindres séparés par deux lames isolantes (en ébonite). Les cylindres partiels extrêmes sont reliés métalliquement par un fil de platine recouvert de soie qui traverse le cylindre intermédiaire sans le mettre normalement en communication avec aucun des deux autres.

Paratonnerre à pointes. 11. — Le paratonnerre à pointes dont chaque fil de ligne est muni, se compose d'une plaque métallique reliée par deux bornes, d'un côté avec le fil de ligne extérieur, d'un autre côté avec le fil de ligne allant au poste ; cette plaque n'est donc en réalité que la continuation sous une forme modifiée du conducteur électrique de ligne. Au-dessus, et supporté par de petites colonnes isolantes (en ébonite), se trouve un plateau métallique garni à sa partie inférieure d'un grand nombre de petits cônes métalliques dont le sommet est placé à une très-faible distance de la plaque ci-dessus mentionnée ; en dessous de la plaque, et séparé d'elle par une feuille isolante de gutta-percha, est un autre plateau relié par des supports verticaux au plateau garni de pointes. Ce deuxième plateau est en communication directe avec un fil de terre, de telle sorte que tout l'appareil, sauf la première plaque placée sur le fil de ligne, est en communication avec la terre.

Fils de ligne. 12. — Ajoutons enfin, pour terminer cette description sommaire, que chaque poste reçoit un fil de l'amont et un fil de l'aval. Lorsqu'un courant parti d'un poste voisin arrive par un de ces fils, il s'en va en terre soit par les paratonnerres à pointes ou à bobine, soit par la sonnerie soit par le récepteur si on n'a pas arrêté son passage sur le commutateur correspondant.

CHAPITRE II

ROLE DES APPAREILS. — RÉGLAGE. — PASSAGE DES COURANTS. MESURES EN CAS D'AVARIE.

Indication générale. 13. — Le manipulateur sert exclusivement à l'écriture des dépêches à transmettre et le récepteur à la lecture des dépêches à recevoir. Avec les galvanomètres, on s'assure du passage des courants et on mesure leur intensité. Par les commutateurs on amène les courants, soit sur le manipulateur et le récepteur pour transmettre et recevoir, soit sur les sonneries pour être avisé de l'arrivée d'une dépêche. Les paratonnerres à bobine et à pointes garantissent des effets de la foudre en mettant en communication directe avec la terre les fils extérieurs chargés d'électricité statique. Mais, pour que tous ces appareils fonctionnent d'une manière utile, il est absolument nécessaire de se rendre un compte bien exact de leur structure intime et de connaître à fond les dispositions à prendre dans chaque cas, soit pour leur réglage, soit pour les réparations que rendraient nécessaires des avaries dues à des accidents souvent indépendants de la volonté humaine.

Pile. 14. — La pile n'est guère sujette à détérioration. Les éléments dont elle se compose durent en moyenne de dix-huit mois à deux ans, quelquefois même davantage, lorsque les dépêches ne sont pas fréquentes. Elle exige cependant des soins. On doit veiller à ce que l'eau remplisse presque complètement les vases en terre. Il y a, au début, une absorption d'eau assez sensible par les vases poreux ; pendant les chaleurs de l'été, une évaporation, qui n'est pas négligeable, se produit ; il faut y remédier en ajoutant de l'eau aussitôt qu'on remarque au galvanomètre une diminution dans l'intensité du courant produit. Pendant l'hiver, il est indispensable de se prémunir contre les gelées qui rendent les réactions chimiques très-difficiles et occasionnent même des accidents de rupture des vases. On sera généralement obligé d'ajouter du chlorhydrate d'ammoniaque lorsque la dose primitive ne sera plus assez forte, soit environ tous les trois ou quatre mois. Les liaisons métalliques des vases poreux et des zincs ou des pôles positif et négatif avec les fils du circuit peuvent être défectueuses ; on n'a rien à faire dans le premier cas, lorsqu'on n'est pas à même de rétablir une bonne liaison, qu'à remplacer l'élément vicieux, si on a des rechanges, ou à le supprimer provisoirement, si l'on n'en a pas ; dans le deuxième cas, il faut aviver les surfaces des cuivres en contact et les remettre en rapport intime.

Manipulateur. 15. — Le manipulateur n'est pas un appareil délicat ; cependant, on ne doit pas oublier que son fonctionnement régulier dépend essentiellement du bon état de la languette métallique et des pointes de platine contre lesquelles vient successivement battre cette languette (1).

Récepteur. 16. — Le récepteur est de toutes les pièces celle qui exige le plus de précaution et de surveillance. On ne doit remonter que rarement, au moyen du carré placé sur le cadran, le mouvement d'horlogerie qui commande la marche de l'aiguille. Si le courant qui traverse les électro-aimants est trop fort, la plaque de fer doux à laquelle est liée la marche de l'aiguille éprouve une résistance souvent insurmontable à revenir à sa position initiale ; l'aiguille, quand elle se déplace, marche par saccades, en s'arrêtant de préférence sur les cases impaires. Si le courant est trop faible, la plaque de fer doux n'est plus attirée régulièrement et l'aiguille marche d'une façon indécise, en s'arrêtant de préférence sur les cases paires. Il faut donc régler l'appareil pour le courant produit par le correspondant. On y arrive en faisant usage de deux mécanismes qui agissent : le premier, sur la plaque en fer doux ; le deuxième, sur les électro-aimants. Lorsqu'un courant est reconnu trop fort (l'aiguille s'arrêtant sur les cases im-

---

(1) Il faut donc veiller avec soin aux vis de serrage de la languette. Lorsque ces vis n'assujettissent plus bien la languette, la transmission et la réception deviennent fort difficiles. Il faut les resserrer. On doit également s'assurer que les pointes de platine sont bien propres en interposant une feuille de papier contre laquelle on fait battre la languette.

paires), on commence par tourner (dans le sens des aiguilles d'une montre) le bouton en cuivre placé au bas de la boîte du récepteur, de manière à ce que l'index qu'il porte passe successivement par les divisions de 0 à 50 que porte le petit cadran au centre duquel est fixé le bouton. Cet index ne doit jamais faire plus d'un tour complet ; lorsqu'il marque la division 0 ou 50, on sent un point d'arrêt qu'il ne faut pas forcer, car on a atteint la limite de l'effet de résistance que, par ce moyen, on oppose à l'attraction exercée sur la plaque en fer doux par les électro-aimants. Si l'aiguille continue à marcher par saccades, en s'arrêtant toujours sur les cases impaires, on amène à. la division 25, par un mouvement inverse, l'index du petit cadran en cuivre, et l'on a recours au second procédé. Celui-ci a pour résultat d'éloigner ou de rapprocher les électro-aimants du fer doux, et par conséquent de diminuer ou d'augmenter l'action d'influence sous laquelle se produit l'oscillation de la plaque en fer doux qui commande la marche de l'aiguille. Un carré disposé à l'arrière et au bas du récepteur sert à la manœuvre qui s'opère avec la clé, dont l'emploi a été déjà signalé pour le remontage du mouvement d'horlogerie intérieur. En tournant de gauche à droite (sens ordinaire de serrage des vis), on *approche* les électro-aimants du fer doux ; en tournant de droite à gauche (sens inverse de la rotation des aiguilles d'une montre), on les *éloigne* au contraire. Donc, dans l'espèce considérée d'un courant trop fort, on tournera de droite à gauche jusqu'à ce que l'aiguille du cadran ait cessé de marcher par saccades, en ayant soin de ne pas dépasser le point à partir duquel l'éloignement des électro-aimants et du fer doux serait trop considérable. On reconnaît aisément qu'on a dépassé ce point au mouvement incertain de l'aiguille qui s'arrête alors de préférence sur les cases paires. On achève le réglage avec le petit bouton en cuivre, si c'est nécessaire. Si le courant était trop faible, l'index du bouton en cuivre étant à 0, on ramènerait d'abord cet index à 25, puis on agirait par le deuxième procédé en approchant les électro-aimants du fer doux par un mouvement de rotation de la clé de gauche à droite. En aucun cas, d'ailleurs, lorsqu'on éprouve une résistance, il ne faut forcer la clé, car cette résistance indique que l'éloignement ou le rapprochement des électro-aimants et du fer doux sont à leur maximum pour l'appareil dont on dispose. Si la marche de l'aiguille n'est pas devenue régulière, c'est qu'avec le courant arrivant on ne peut correspondre efficacement. Il faut y renoncer.

17. — Ce réglage suppose que le correspondant tourne la manette de son manipulateur de manière à provoquer des mouvements de l'aiguille sur le récepteur. En effet, cette condition est nécessaire. Donc, dès qu'on reconnaît que la marche de l'aiguille est irrégulière, on dit au correspondant : Tournez (en pointant T Z) ; s'il peut lire, il tourne et permet le réglage. Mais il arrivera que le correspondant ne comprendra pas lui-même, son appareil n'étant pas réglé, et le courant qu'on lui envoie étant trop faible ou trop fort. Dans ce cas, et après quelques tentatives infructueuses d'intelligence réciproque, celui qui aura attaqué prendra l'initiative du tournage pour le réglage chez celui qui a été attaqué. Dès que ce réglage aura été opéré, il fera tourner à son tour et se règlera. On n'oubliera pas que tous les tournages se font absolument de ✠ à ✠, par séries de tours complets : il ne faut pas pointer isolément les lettres, mais, au contraire, tourner d'une manière continue et avec la vitesse ordinaire d'écriture en s'arrêtant de temps à autre sur ✠.

Galvanomètres. 18. — Une fois en place, les galvanomètres n'exigent pas de soins particuliers. S'ils venaient à ne plus fonctionner, ce ne pourrait être qu'en raison, soit de la rupture des fils des bobines, soit de la mauvaise liaison des bornes qui les rattachent à la ligne, soit de la désaimantation de l'aiguille, soit enfin du mauvais état du pivot qui supporte l'aiguille ou de l'usure de la crapaudine dans laquelle pénètre ce pivot. Dans le premier cas, qui ne se présente presque jamais, il faut remplacer. Dans le deuxième, il faut aviver les surfaces de cuivre en contact.

Dans le troisième, il faut remplacer l'aiguille. Dans le quatrième, il faut ou aviver la pointe du pivot ou remplacer l'aiguille.

Commutateurs. 19. — Les commutateurs ne comportant aucun mécanisme, ne sont pas sujets à dérangement; seulement, il faut veiller à ce que les poupées mobiles et les orifices dans lesquels elles pénètrent soient toujours bien propres. Il suffit d'une couche de poussière pour empêcher les contacts et arrêter le passage des courants. C'est avec les commutateurs qu'on dirige les courants sur les appareils divers qu'ils doivent actionner. C'est encore avec eux qu'on met en communication directe les postes d'amont et d'aval en plaçant la poupée de chaque commutateur au point (d).

Sonneries. 20. — Les sonneries à trembleur ne se détériorent guère que par les ressorts en acier qui supportent les plaques en fer doux ou contre lesquels ces plaques viennent battre. Il faudrait les faire remplacer en cas de mauvais fonctionnement reconnu. On peut augmenter ou diminuer l'intensité des sonneries en rendant les oscillations des plaques en fer doux plus ou moins amples par l'action d'une vis sur le ressort contre lequel cette plaque vient battre (1).

Paratonnerres à bobine. 21. — Les paratonnerres à bobine peuvent être sérieusement atteints par les décharges atmosphériques. Toutefois, l'avarie ne porte guère que sur le petit fil en platine reliant les cylindres extrêmes de la bobine. La foudre brûle le fil et met en contact le deuxième support (O) avec l'un des deux autres. Par ce deuxième support l'électricité se rend directement au sol. On s'aperçoit immédiatement de l'accident, parce qu'aucun courant n'arrive plus aux sonneries ou au récepteur et qu'un courant, sortant du poste, se manifeste avec beaucoup plus d'énergie aux galvanomètres dont l'aiguille se déplace habituellement dans ce cas avec une brusque et violente rapidité. Il faut alors remplacer le petit fil de platine. Il est nécessaire

---

(1) Mais ce réglage est dangereux pour l'instrument et on ne devra y avoir recours qu'à la dernière extrémité.

d’essayer avant tout la bobine nouvelle. A cet effet, on appuie l’une des extrémités de ladite bobine contre la borne (P) et, avec l’autre extrémité, on touche le manipulateur : le courant doit passer et l’aiguille du récepteur manifeste ce passage. Si, au contraire, on touche le manipulateur avec le milieu de la bobine, l’extrémité étant toujours en contact avec la borne (P), il ne doit pas y avoir de courant produit. En replaçant la bobine dans les yeux des supports, on doit avoir soin de la pousser bien à fond, de manière que les plaques isolantes (en ébonite) correspondent exactement aux vides ménagés entre les supports. Les paratonnerres à bobine permettent d’envoyer en terre immédiatement tout courant dynamique ou statique arrivant par les fils de ligne.

Paratonnerres à pointes. — 22. — Les paratonnerres à pointes jouent un rôle protecteur bien plus efficace que les paratonnerres à bobine. Leur construction repose sur ce principe de physique que l’électricité statique se perd par les pointes, tandis que l’électricité dynamique n’est pas influencée par ces mêmes pointes. Ainsi, le courant d’une pile arrivant dans le paratonnerre, traverse sans déperdition appréciable la plaque interposée sur la ligne. Au contraire, l’électricité atmosphérique arrivant à la même plaque subit l’action des pointes ; elle attire à elle l’électricité de nom contraire du sol et se neutralise lentement par la reconstitution intégrale du fluide ($+$. $-$). Si la charge électrique est trop intense pour que cette neutralisation s’opère régulièrement, il y a décharge avec détonation entre la plaque et le plateau inférieur du paratonnerre qui emmène directement le fluide à la terre. La feuille de gutta-percha est toujours brûlée, au moins en un point : le plateau inférieur peut être lui-même atteint. Aucun courant n’arrive plus aux sonneries ni au récepteur, et tout courant sortant du poste va directement en terre en accusant au galvanomètre une intensité anormale ; il faut mettre une nouvelle feuille de gutta-percha (ou de papier si l’on n’a pas de gutta-percha). Il faut également, si cela est nécessaire, effacer les bavures que la décharge a pu produire sur la plaque et sur le plateau inférieur, car il pourrait en résulter un accident qui n'est pas aussi facile à constater et peut mettre un opérateur inexpérimenté dans un sérieux embarras. Les bavures que la décharge a pu faire naître sur la plaque de cuivre et le plateau inférieur, sont parfois peu apparentes au premier coup-d'œil, et, cependant, elles suffisent à annihiler l'effet de la feuille isolante qu'elles percent de trous imperceptibles. Tout courant arrivant de la ligne va en terre. Un ébranlement quelconque, produit par le passage d'une voiture ou une autre cause, suffit souvent à faire sortir ces bavures des trous qu'elles s'étaient créés dans la feuille isolante, et l'appareil se remet à fonctionner. Plus tard, il s'arrête de nouveau (par suite de nouveaux trous dans la gutta-percha) pour reprendre quelques heures après et ainsi de suite. C'est dans les bavures de la plaque que se trouve le mal ; on y remédie aisément en les faisant disparaître avec une lime, une pierre ponce, un engin quelconque de polissage.

Règle générale. 23. — Toutes les pièces d'un poste doivent être constamment tenues dans le plus grand état de propreté. Il ne faut pas les démonter, mais les essuyer, les épousseter soigneusement chaque jour ; si quelque dérangement survient, on en recherche immédiatement la cause d'après les données ci-dessus ; on répare, si l'avarie n'exige pas l'intervention d'un ouvrier spécial. Dans ce dernier cas, on informe d'urgence les chefs de service par la voie la plus rapide.

Marche des courants. 24. — Ces principes bien compris, il est aisé de suivre le passage d'un courant arrivant d'un poste voisin, d'amont par exemple. Pour faciliter cette étude, un plan de poste est annexé à la présente instruction. Les dispositions adoptées pour l'agencement des diverses pièces sur la table du poste peuvent varier suivant le constructeur : mais il ne résultera pas de ces variations de détail un changement embarrassant dans la marche du fluide électrique.

25. — Le courant arrivant, passe par le paratonnerre à pointes pour aboutir directement à la borne centrale

(F.F') (1) du paratonnerre à bobine. De là, il va au levier (H); si ce levier s'appuie sur la plaque (T), le courant se rend en terre par la borne (X.X'). Si, au contraire, le levier s'appuie sur la plaque (A), le courant rejoint le support (N), suit le fil de platine enroulé sur la bobine de (N) en (M) arrive à la borne (E.E') qui le conduit à la borne (L.L') du commutateur. Par la plaque médiane, le fluide arrive à la borne (S.S'), si la poupée mobile est en (s) et, de cette borne, à la sonnerie qu'il met en mouvement avant de rentrer en terre. Quand la poupée mobile est en (b), le courant passe, au contraire, à la borne (B.B') du commutateur, d'où il rejoint le galvanomètre qu'il traverse pour aboutir à la borne (G.G') et au limbe du manipulateur lui-même. Si la manette est sur une case impaire, la languette s'appuie sur la pointe de platine de droite; le courant étant ainsi dirigé par la borne (P.P') sur la pile se trouve arrêté; si au contraire, elle est à la ✳ ou une autre case paire, le fluide atteint, par la languette métallique, la borne (Q.Q') du manipulateur qui l'amène à la borne (R.R') du récepteur; de là, il traverse le recepteur, provoque l'aimantation des électro-aimants et, par suite, l'attraction de la plaque en fer doux qui commande l'aiguille, et se rend en terre par la borne (U.U').

26. — Il n'y a pas de circuit continu formé et, par conséquent, pas de passage de courant du poste, si la manette et sur ✳ ou case paire. Au contraire, si la dite manette est sur case impaire, le courant arrivant de la pile, traverse le manipulateur, arrive à la borne (G.G'), rejoint le galvanomètre qu'il traverse et gagne la borne (B.B') du commutateur. Par la poupée mobile placée en (b), il s'étale sur la plaque médiane, atteint la borne (L.L') qui le conduit à la borne (E.E') du paratonnerre à bobine; il va au support (M), puis, par le fil de la bobine, au support (N) qui l'amène en (A); par le levier (H), il gagne la

---

(1) A chaque borne placée sur un appareil, correspond une autre borne fixée à la table de poste. Ces deux bornes sont en liaison métallique visible. Les lettres simples se rapportent aux bornes des appareils. Les lettres affectées d'un accent se rapportent aux bornes de tables correspondantes.

borne (F.F') et, par cette borne, le fil de ligne en passant par la plaque conductrice du paratonnerre à pointes. Si la poupée mobile, au lieu d'être en (b), était en (s), le courant serait arrêté. Il serait de même interrompu si le levier du paratonnerre à bobine était en (T) au lieu d'être en (A).

27. — Donc, pour qu'un poste en puisse sonner un autre, il faut : 1° pour le poste attaquant, que la manette soit sur une case impaire, la poupée mobile en (b) et le levier en (A); 2° pour le poste attaqué que la manette soit sur ✠ ou case paire, la poupée mobile en (s) et le levier en (A). Pour recevoir la dépêche, le poste attaqué n'aura qu'à transporter sa poupée de (s) en (b).

28. — Les avaries qui peuvent survenir aux divers appareils d'un poste sont d'autant moins nombreuses que l'agent chargé des manœuvres apportera plus de soin et de zèle à leur entretien normal. Il en est cependant que la volonté humaine n'est pas apte à prévoir, et pour lesquelles on est obligé de prendre des mesures propres à maintenir les relations sur la ligne ou, tout au moins, à les rétablir en cas d'interruption dans le plus court délai possible. On devra donc se conformer scrupuleusement aux instructions suivantes pour les divers cas qui se présenteront le plus ordinairement, et en référer d'urgence aux chefs de service, pour les circonstances qui n'auraient pas été prévues.

29. — L'interruption des communications provient toujours, soit du mauvais état de l'un des appareils de poste, soit de la rupture du fil entre deux postes. On recherchera immédiatement dans lequel des deux cas on se trouve. A cet effet, au moyen de la pile dont on dispose, on établira provisoirement (par un fil de fer), un courant de ligne que l'on fera successivement passer par les sonneries et le récepteur. Il suffira, pour atteindre ce but, de relier la borne (P.P') du manipulateur avec le fil de ligne en dehors des appareils du poste (1). La manette étant sur ✠,

---

(1) On doit prendre de préférence le point d'arrivée du fil de ligne dans les

si la poupée du commutateur est sur sonnerie (en s), la sonnerie devra fonctionner régulièrement ; si, au contraire, la poupée dudit commutateur est sur appareil (en b), l'aiguille du récepteur devra suivre le mouvement qu'on imprimera à la manivelle du manipulateur. Le courant revenant par le circuit provisoire et produisant son effet, l'avarie se trouve forcément sur la ligne ; le fil est rompu, ou tout au moins très-endommagé. On préviendra immédiatement par la poste ou par une dépêche remise à la station télégraphique voisine, s'il y a économie de temps, l'Ingénieur de l'arrondissement, ainsi que l'Inspecteur chargé de l'entretien de la ligne télégraphique. En même temps, on fera toutes démarches pour retrouver le point défectueux ; si on y arrive, on réparera provisoirement l'avarie le mieux possible, en attendant l'arrivée d'ouvriers spéciaux ou des agents de surveillance des lignes télégraphiques. On agira d'après la même règle, lorsqu'on apprendra qu'un ou plusieurs poteaux sont renversés, sans qu'il en soit résulté une interruption complète des communications.

30. — Le circuit provisoire étant formé entre la borne (P.P') et la borne extrême du paratonnerre à pointes dont on a enlevé le fil de ligne, la manette se trouvant sur ✠ et la poupée du commutateur étant sur sonnerie (s), lorsque la sonnerie ne fonctionnera pas, c'est que l'avarie se sera produite dans l'un des paratonnerres, le commutateur ou la sonnerie elle-même. On arrive très-vite à isoler alors l'appareil défectueux ; car on peut aisément supprimer du circuit chacune des pièces, en opérant successivement la liaison avec la pile du courant artificiel de ligne à sa sortie : 1° du paratonnerre à pointes ; 2° du paratonnerre à bobine ; 3° du commutateur. Dès que l'une de ces opérations provoquera la marche de la sonnerie, on saura

---

paratonnerres à pointes, après avoir toutefois enlevé ce fil, car il pourrait arriver que le fil, rompu au dehors, touchât la terre et que le courant se rendît directement en terre plutôt que de passer par les appareils de poste qui lui offrent un plus long circuit. Sans cette précaution, on serait parfois et à tort, amené à croire que l'avarie existe dans les appareils du poste.

que le courant était interrompu à la dernière pièce mise en dehors du circuit.

31. — Le circuit provisoire existant, la manivelle étant sur ✖ et la poupée du commutateur se trouvant sur appareil en (b), lorsque l'aiguille du récepteur ne suivra pas les mouvements que l'on imprimera à la manette, c'est que l'avarie se sera produite dans l'un des paratonnerres, dans le commutateur, dans le galvanomètre, dans le manipulateur que le courant doit traverser, ou dans le récepteur. On rapportera, comme précédemment, la liaison de la borne (P.P') du manipulateur successivement en dehors du paratonnerre à pointes, du paratonnerre à bobine, du commutateur et du galvanomètre. Si le récepteur à l'une de ces opérations, se met à fonctionner au tournage de la manette, c'est que le courant était interrompu dans la dernière pièce mise hors du circuit. Si, au contraire, l'aiguille reste toujours inerte, l'avarie ne peut se trouver que dans le manipulateur ou le récepteur. On reliera alors la pile par la borne (P.P') avec le récepteur (borne R.R'); en interrompant et rétablissant alternativement le courant, l'aiguille devra marcher si le récepteur n'est pas dérangé; alors la réparation à effectuer portera seulement sur le manipulateur. Elle devrait porter par contre sur le récepteur si, dans cette dernière opération, l'aiguille n'obéissait pas à l'intermittence de production et d'interruption du courant.

32. — Si les liaisons non apparentes des bornes de table étaient dérangées par extraordinaire, on le reconnaîtra de suite par un procédé analogue et on y remédiera aisément.

33. — Dans tout ce qui précède, la pile a été mise hors de cause; car, si l'on reçoit, tandis que l'on ne peut transmettre une depêche, il est évident que c'est dans la pile qu'il faut chercher la cause de l'interruption des communications (1). On vérifie alors, avec le plus grand soin, les di-

---

(1) Il est bien entendu, d'ailleurs, que l'on doit s'être assuré du bon fonctionnement de la languette métallique et de la propreté des pointes contre lesquelles elle vient battre, car la transmission ne s'opérerait plus si le contact métallique n'existait pas suffisamment entre la languette et la borne P.

vers éléments qui la composent, l'état des liaisons des zincs avec les vases poreux, ainsi que des derniers éléments avec les fils allant l'un (pôle positif) au manipulateur, l'autre (pôle négatif) à la terre. On remédie de suite au mal en réparant les éléments défectueux soi-même, si on le peut, ou en les supprimant dans le cas contraire. La suppression de un ou plusieurs éléments ayant pour résultat de restreindre l'action du courant, on doit en prévenir de suite l'Ingénieur de l'arrondissement et l'Inspecteur chargé de l'entretien de la ligne télégraphique, qui aviseront à fournir les nouvelles pièces nécessaires. Il arrive parfois que les zincs se recouvrent d'une couche blanchâtre de chlorure de zinc qu'il suffit d'enlever pour rendre aux éléments leur énergie primitive. On devra prendre ses précautions à cet égard. Si, au contraire, on transmet, tandis que l'on ne peut recevoir une dépêche, c'est que la pile du correspondant est en mauvais état et il sera amené à la vérifier de lui-même. Mais on devra soi-même, avant tout, contrôler le récepteur, la languette métallique et la borne (Q . Q') de son poste ; car, s'il y avait avarie au récepteur ou à la borne, ou à la languette, la transmission serait encore praticable et la réception impossible.

34. — Suivant les appareils de poste atteints par l'avarie, les mesures de réparation sont différentes. Parfois, on peut soi-même remédier à la situation, d'autres fois, au contraire, il faut avoir recours à des hommes experts dans ces sortes de mécanismes. Il importe donc qu'aucun doute ne subsiste dans l'esprit des agents à cet égard ; aussi, les indications suivantes devront être suivies à la lettre, autant du moins que faire se pourra.

35. — S'il s'agit des paratonnerres à pointes, le remplacement de la feuille de gutta-percha et le polissage de la plaque interposée dans la ligne ainsi que du plateau inférieur suffiront généralement à rétablir les communications. Si le plateau inférieur ou la plaque avaient été très-gravement affectés et qu'il fallût procéder à une opération trop compliquée pour qu'elle puisse se faire sur place, on enlèverait le paratonnerre et l'on rétablirait

provisoirement la liaison des fils entre lesquels ce paratonnerre était interposé. Il n'y aura ainsi aucune interruption des communications télégraphiques ; seulement, on devra se mettre en terre par le levier du paratonnerre à bobine, dès que l'orage menacera, car il faut prendre d'autant plus de précautions contre les décharges atmosphériques que les appareils protecteurs font défaut. On préviendra par la voie la plus rapide l'Ingénieur de l'arrondissement et l'Inspecteur des télégraphes. On enverra en même temps à l'un ou à l'autre le paratonnerre hors de service. A l'arrivée d'un nouvel appareil en bon état, on remettra toutes choses en situation normale.

36. — Si le paratonnerre à bobine était rendu impropre au service et qu'on ne parvînt pas à le réparer, soit qu'on n'eût pas de fil de platine de rechange, soit que l'avarie fût ailleurs dans la pièce, on supprimera ce paratonnerre et on mettra artificiellement en liaison le fil de ligne sortant du paratonnerre à pointes avec la borne de ligne du commutateur par la jonction métallique des deux bornes (E') et (I"). On préviendra comme précédemment l'Ingénieur et l'Inspecteur par la voie la plus rapide et on enverra l'appareil défectueux à la réparation, s'il n'existe dans la localité aucun horloger ou mécanicien assez habile pour y procéder d'urgence.

37. — Les avaries aux commutateurs ne sont presque jamais sérieuses. On pourra donc le plus généralement y obvier de suite et sans avoir recours à un homme de l'art. Si, par exception, le dérangement était trop important, on supprimera la pièce ; on maintiendra toutefois la liberté des communications en reliant *artificiellement* la borne (E') du paratonnerre à bobine tantôt avec la borne (C') de la sonnerie pour être avisé de l'arrivée d'une dépêche, tantôt avec la borne gauche (J') du galvanomètre pour recevoir cette dépêche ou en transmettre une autre. On avertira d'ailleurs l'Ingénieur et l'Inspecteur comme il a été dit précédemment.

38. — Le dérangement d'une sonnerie, quelque grave qu'il soit, n'est jamais de nature à interrompre les commu-

nications télégraphiques. Que cette réparation soit faite sur place par l'agent lui-même ou par un homme expérimenté de la localité, ou bien au loin par les soins des chefs de service des lignes télégraphiques, on suppléera à l'appareil manquant par l'emploi de l'autre sonnerie. A cet effet, la sonnerie de droite étant supposée avariée, on amènera le courant de ligne correspondant sur la sonnerie de gauche, en établissant une liaison métallique artificielle de la borne (S'), la poupée mobile étant en (s), à la borne (C'_1), ou bien en plaçant : 1° une poupée mobile en (d) sur le commutateur d'aval ; 2° deux poupées mobiles, l'une en (d_1) l'autre en (s_1) sur le commutateur d'amont. En cas de sonnerie (1), il suffit pour reconnaître le poste attaquant d'enlever la poupée (s) si on a utilisé la liaison artificielle, ou la poupée (d) si on s'est servi de la communication directe établie entre les bornes (D) et (D_1). Si la sonnerie persiste, c'est qu'on a affaire au poste amont ; si elle cesse, c'est qu'on était appelé par le poste d'aval. Suivant le cas, on place la poupée sur ligne sur le commutateur du poste attaquant pour faire la correspondance.

39. — La réparation des galvanomètres ne pourra pas généralement s'effectuer sur place. Il faudra, en cas d'avarie, envoyer les appareils désorganisés aux Inspecteurs des lignes télégraphiques qui se chargeront de leur remise en état. Mais l'absence d'un galvanomètre n'interrompra pas les communications. On établira provisoirement une liaison artificielle entre les deux bornes (J') et (I') de l'appareil manquant.

40. — Une avarie au récepteur est toujours une chose grave. La réparation de cet appareil nécessitera presque toujours l'intervention d'un ouvrier spécial. Il sera bon cependant, dès que le dérangement sera reconnu, de con-

---

(1) Les courants de ligne ont une tendance à se bifurquer, une partie allant à la sonnerie, l'autre partie passant au contraire dans la seconde ligne. Ce dernier courant n'a pas de graves inconvénients en pratique. On veille d'ailleurs avec un peu plus de soin et les correspondants sont prévenus.

sulter un horloger de la localité qui pourra peut-être y remédier ou qui, du moins, spécifiera bien nettement le point défectueux. Si la remise en état n'est pas praticable sur place, on enverra l'appareil de suite aux chefs de service qui aviseront à son remplacement dans le plus bref délai. Afin, du reste, de ne point interrompre le passage des dépêches sur la ligne, on mettra en communication directe (en plaçant les poupées mobiles des commutateurs en d et d_1) les postes d'amont et d'aval qu'on préviendra immédiatement de l'accident par la poste ou en envoyant une dépêche que le manipulateur permettra peut-être encore de transmettre. En même temps on avisera l'Ingénieur et l'Inspecteur. Dès que la réception des dépêches sera praticable, on le fera connaître aux mêmes chefs de services ainsi qu'aux postes voisins, et on supprimera la communication directe.

41. — Ainsi qu'on l'a fait observer déjà, une avarie au manipulateur sera le plus souvent due à la languette métallique ou aux pointes de platine contre lesquelles cette languette vient battre successivement. Un horloger de la localité pourra généralement aisément remplacer la languette et rétablir les pointes en bon état. Il en serait probablement de même si l'avarie était intérieure ; lorsque la réparation sur place sera impossible, on devra envoyer de suite l'appareil aux chefs de service qui y remédieront promptement. Dans tous les cas, l'absence du manipulateur, même momentanée, étant de nature à empêcher la transmission des dépêches, on mettra les deux postes voisins en communication directe. On avisera de cette mesure par la poste ou par toute autre voie plus rapide, s'il en existe, les chefs de service ainsi que les postes voisins. On donnera aux mêmes personnes l'avis du rétablissement normal par dépêche télégraphique.

42. — De toutes ces instructions découlent les règles suivantes, auxquelles on ne saurait jamais se soustraire en cas d'avarie :

1° Lorsque les communications sont devenues impossibles entre un poste et ses voisins, l'agent du poste doit immédiatement rechercher la cause de cette interruption. Une première reconnaissance démontre si cette cause réside dans les fils de ligne extérieurs ou dans les appareils mêmes du poste ;

2° Si les fils de ligne ont été rompus ou avariés en quelques points, on remédie au mal par un rétablissement provisoire, en attendant les agents spéciaux de l'administration du télégraphe ;

3° Si l'avarie réside dans le poste, on reconnaît rapidement l'appareil défectueux. Suivant les cas, on opère soi-même la réparation ou bien on la fait opérer par un horloger ou un homme expert de la localité. Si cette opération est impossible sur place, on envoie immédiatement l'appareil à l'Ingénieur de l'arrondissement ou à l'Inspecteur des télégraphes chargé de l'entretien de la ligne. Pendant tout le temps que dure l'absence de la pièce défectueuse, on y supplée par des liaisons provisoires, s'il s'agit d'un appareil d'ordre secondaire (paratonnerres à pointes ou à bobine, commutateur, sonnerie, galvanomètre), ou par la mise en communication directe des deux postes voisins, s'il s'agit d'un appareil de premier ordre (récepteur, manipulateur) ;

4° Tout accident aux fils ou aux appareils de poste est immédiatement porté à la connaissance de l'Ingénieur de l'arrondissement et de l'Inspecteur des télégraphes chargé de la ligne, par la voie la plus rapide, poste ou dépêche expédiée d'une station voisine. En cas de mise en communication directe des deux postes voisins, on avise également les agents de ces postes. Le moment du rétablissement normal des communications est télégraphiquement annoncé aux chefs de service ci-dessus dénommés.

CHAPITRE III

TRANSMISSION.

Unité de transmission ou de lecture. 43. — On ne peut jamais correspondre avec deux postes à la fois ; ni envoyer et recevoir simultanément une dépêche.

Etat de repos. 44. — Au repos, on doit toujours être des deux côtés sur sonnerie par les poupées mobiles des commutateurs (1) et en A par les leviers des paratonnerres à bobine. On ne met les paratonnerres en terre (T) qu'en temps d'orage, lorsque l'atmosphère est chargée d'électricité, ce dont on s'aperçoit aisément par la sonnerie intermittente et saccadée qui se produit d'une manière irrégulière et anormale. Aussitôt que l'orage est passé, on revient en A.

L'aiguille du récepteur aussi bien que la manette du manipulateur doivent toujours, au repos, être sur ✠ ; sous aucun prétexte il ne faut les laisser stationner sur d'autres cases.

Marche de la manette. 45. — En transmettant une dépêche, il ne faut jamais revenir en arrière avec la manette du manipulateur, sous prétexte qu'on a dépassé la lettre à pointer ; en effet, tout mouvement en arrière de la manette provoque un mouvement en avant de l'aiguille du correspondant, aussi bien que le ferait un mouvement en avant de la manette. Si on a dépassé la lettre à pointer, on y revient par un nouveau tour, en marchant toujours dans le sens des aiguilles d'une montre, c'est-à-dire de gauche à droite en passant par la ✠. Si on se trompe de lettre, on le reconnaît généralement de suite ; alors, et aussi rapidement que possible, on ramène la manette sur la lettre *bonne* et on y stationne un peu plus longtemps qu'à l'ordinaire.

Séparation des mots. 46. — Chaque fois que la dernière lettre d'un mot est

---

(1) Une seule poupée mobile par commutateur est suffisante ; on la place en (b) ou en (s) suivant les cas ; l'emploi de deux poupées par commutateur ne peut qu'induire en confusion ; il est formellement interdit.

transmise, on complète le tour de manivelle en la ramenant sur ✠ où l'on s'arrête un instant.

Appel. 47. — Un stationnement de quelques instants sur une case impaire en ramenant toujours en fin de compte la manette sur ✠. Ce stationnement peut être remplacé par un ou plusieurs tours de manette, mais on doit toujours revenir à ✠.

Signature. 48. — Deux fois de suite plusieurs tours de manette avec arrêt sur la ✠ entre les deux séries de tours.

Final. 49. — Quand le dernier mot de la dépêche est transmis, on termine le tour de manivelle, on pointe ✠, puis on fait un autre tour en s'arrêtant un instant sur la lettre Z, puis sur la ✠ où la manivelle doit toujours rester pendant le repos.

Chiffres. 50. — Deux tours de manivelle avec arrêt sur la ✠ à chaque tour indiquent l'emploi des chiffres ou des autres signaux figurant au deuxième cercle du manipulateur et du récepteur. Le retour à la ✠ après un ou plusieurs chiffres ou signaux du deuxième cercle est l'indice de la reprise de la transmission en lettres. Si on a un nouveau chiffre ou signal du deuxième cercle à transmettre, il faut revenir deux fois à la ✠.

Erreurs. 51. — Trois ou quatre tours sans arrêt sur la ✠.

Abréviations. 52. — Les plus usitées, les seules dont l'emploi est autorisé (sauf les indicatifs dont il sera parlé plus bas) sont les suivantes :

A.T.	Attente.		N.O.	Numéro.
B.	Bien.		P.D.	Dépêche privée.
B.C.	Bien compris.		P.Z.	Parlez.
H.	Heure.		O.F.F.	Dépêche officielle.
M.	Matin.		R.	Rien.
M.D.	Madame.		R.Z.	Répétez.
M.T.	Minute.		S.	Soir.
M.E.T.	Mètre.		S.V.	Service.
M.R.	Monsieur.		T.Z.	Tournez.
M.M.	Messieurs.		Z.	Final ou fin de la
M.M.D.	Mesdames.			transmission.

Toute abréviation doit invariablement être suivie d'une ✠, comme si le mot était entier.

Indicatifs.

53. — On appelle *indicatifs* les abréviations usitées pour distinguer entre eux les bureaux télégraphiques d'une même section. Les indicatifs sont formés de la première lettre ou de la réunion de plusieurs des lettres du nom des bureaux. Exemples : L pour Lyon ; P.B pour Port-Bernalin. Ils sont déterminés de telle sorte qu'il n'y ait pas de confusion possible. Ils sont exclusivement employés pour les appels et les réponses entre bureaux correspondants et ne peuvent jamais remplacer le nom des localités dans le préambule, l'adresse ou le texte des dépêches.

La liste des indicatifs des bureaux de la ligne télégraphique de la Saône, entre Navilly et Lyon, est ainsi arrêtée :

L.C.	Lyon, bureau Ingénieur en chef.		G.	Gigny.
L.V.	Lyon-Vaise.		V.	Verdun.
I.B.	Ile-Barbe.		N.	Navilly.
C.	Couzon.			
P.B.	Port-Bernalin.			
T.H.	Thoissey.			
M.C.	Mâcon.			

Communications directes.

54. — On ne met jamais à un poste les deux postes d'amont et d'aval en communication directe, à moins que cette communication ne soit expressément demandée ou qu'on n'y soit forcé par un accident grave. Les forces des piles sont en effet calculées pour la distance à franchir entre chaque poste et ses voisins d'amont et d'aval. Si on veut essayer d'augmenter les distances, on force, par suite de la trop faible intensité des courants, un réglage spécial des récepteurs au poste attaqué comme au poste attaquant. Il en résulte presque toujours un temps perdu plus long que celui nécessaire à la transmission, après réception par le bureau intermédiaire.

En tous cas, si cette mesure était réclamée *par exception,* on le ferait par l'abréviation CN✠DE✠AC✠ amont ou aval, c'est-à-dire « communication directe avec amont ou aval. »

Au bout de vingt à vingt-cinq minutes, durée maxima nécessaire au passage de la dépêche, le poste qui a donné là communication directe se remet des deux côtés sur sonnerie.

55. — Dans un cas d'accident rendant impossible la réception ou la transmission, on met en communication directe les postes d'amont et d'aval qu'on prévient immédiatement par le moyen le plus rapide.

Interdiction d'interrompre une dépêche. 56. — Aucune dépêche commencée ne doit être interrompue pour faire place à une autre communication, même d'un rang supérieur (1), à moins d'urgence exceptionnelle.

Ouverture des communications. 57. — Toute correspondance entre deux bureaux commence par le signal d'appel (sonnerie par stationnement ou quelques tours de manivelle). Le bureau appelé doit répondre immédiatement : 1° en faisant un tour de ✠ à ✠ ; 2° En donnant son indicatif. S'il est empêché de recevoir, il fait suivre l'indicatif du signal d'attente (A . T) suivi d'un chiffre indiquant la durée probable de l'attente. Si la durée probable excède dix minutes, l'attente doit être motivée.

Préambule. 58. — Lorsque le bureau attaquant a reçu l'indicatif du bureau qui répond, sans autre signal, il donne un tour de ✠ à ✠ et transmet le préambule dans l'ordre suivant :

1° Nature de la dépêche, dépêche officielle (O . F . F), service (S . V) ou dépêche privée (P . D), suivant les cas ;

2° Nom du bureau destinataire ;

3° Nom du bureau d'origine précédé du mot : *dé ;*

4° Numéro d'enregistrement ;

5° Nombre de mots ;

6° Dépôt de la dépêche (par trois nombres : date, heure et minute, avec l'indication (M) ou (S), matin ou soir).

59. — Le préambule est transmis d'office et ne compte pas dans le nombre de mots de la dépêche. Exemple de préambule : Lyon de Verdun - N° 17 – 15 mots - 22 janvier - 8 heures 15 M.

Texte et signature 60. — A la suite du préambule, on télégraphie succes-

---

(1) Le rang d'une dépêche est déterminé par sa nature et sa destination, savoir :

1. — Dépêche officielle O F F.

2. — Dépêche de service S V.

3. — Dépêche privée P D.

sivement l'adresse, le texte et la signature de la dépêche. On termine par le signal (Z) « fin de la transmission. »

Rectifications. 61. — Si l'agent qui transmet s'aperçoit qu'il s'est trompé, il doit s'interrompre par le signal d'erreur (trois ou quatre tours de manivelle sans arrêt sur ✳), répéter le dernier mot bien transmis et continuer à partir de la transmission rectifiée. De même, l'agent qui reçoit, s'il rencontre un mot qu'il ne parvient pas à saisir, doit interrompre son correspondant (par quelques tours de manivelle) et répéter le dernier mot compris en le faisant suivre du signal « Répétez » (R.Z). Le correspondant répondant, reprend alors la transmission à partir de ce mot, en s'efforçant de rendre ses signaux aussi clairs que possible. Après toute interruption, l'agent qui transmet doit laisser, pendant quelques secondes, la manivelle de son manipulateur sur ✳, afin de permettre à son correspondant de ramener aussi à ce signal l'aiguille de son récepteur.

Défense d'employer des abréviations. 62. — Il est interdit d'employer une abréviation quelconque, sauf celles M.R (Monsieur), M.M (Messieurs), M.D (Madame), et M.M.D (Mesdames), en transmettant le texte d'une dépêche, ou de modifier ce texte de quelque manière que ce soit.

Vérification du nombre de mots. 63. — *Aussitôt après la transmission, l'agent qui a reçu, compare le nombre de mots transmis au nombre de mots annoncés;* s'il n'y pas de divergence, il donne le signal de réception, bien compris (B.C). Si, au contraire, il y a une différence, il la signale à son correspondant. Lorsque ce dernier s'est simplement trompé dans l'annonce du nombre de mots, il répond: *oui*, bien compris, et répète le nombre de mots, sinon il répète la première lettre de chaque mot jusqu'au passage omis qu'il rétablit. *Il est indispensable que les deux correspondants soient parfaitement d'accord sur le nombre de mots.*

Collationnement partiel. 64. — Toute dépêche donne lieu à un collationnement partiel qui se fait à la fin de la transmission. Il est donné par l'agent qui a reçu, et immédiatement après la vérification du compte des mots. Ce collationnement partiel comprend : les noms propres, les nombres, les mots douteux ou peu connus et les mots essentiels. L'agent qui a reçu peut d'ailleurs l'étendre et répéter la dépêche intégralement, s'il le juge indispensable, pour mettre sa responsabilité à couvert. De même, l'agent qui a transmis, peut exiger la répétition intégrale de la dépêche.

65. — Dans la répétition des nombres suivis de fractions ou des fractions dont le numérateur est formé de deux chiffres ou plus, on doit répéter en toutes lettres le numérateur de la fraction afin d'éviter toute confusion. Ainsi pour 1 1/16, il faut répéter 1 un 16, afin qu'on ne lise pas 11/16 ; pour 13/4, il faut répéter treize 4, afin qu'on ne lise pas 1 3/4.

66. — Le collationnement ne peut être retardé, ni interrompu sous aucun prétexte. Lorsqu'il est achevé et la dépêche vérifiée, le bureau qui a reçu donne à celui qui a transmis, le signal de réception (B . C), lequel est immédiatement répété par le correspondant.

67. — La transmission de la dépêche une fois terminée, le bureau qui vient de recevoir transmet à son tour, s'il a une dépêche ; sinon l'autre continue.

68. — S'il arrive que, par suite d'interruption ou pour une autre cause quelconque, on ne puisse recevoir le collationnement, cette circonstance n'empêche pas la remise des dépêches au destinataire, sauf à lui communiquer ultérieurement la rectification, s'il y a lieu.

69. — Lorsqu'il se produit, au cours de la transmission d'une dépêche, une interruption totale dans les communications télégraphiques du bureau, les dépêches sont expédiées immédiatement par la poste, ou par un moyen plus expéditif, s'il est possible, soit au premier bureau télégraphique en mesure de les réexpédier par télégraphe, soit au bureau destinataire lui-même.

70. — Pour l'envoi des dépêches par la poste, les agents useront du droit de franchise qui leur appartient.

71. — Dès que les communications sont rétablies, les dépêches sont transmises en ampliation, à moins qu'il n'en ait été préalablement accusé réception.

 72. — Les mots composés, figurant à ce titre dans le dictionnaire de l'Académie française, les noms des départements, villes, villages, communes, hameaux, rues, et les désignations relatives aux numéros des habitations ne sont comptés que pour un seul mot. Exemple : Contre-ordre, aujourd'hui, après-demain, de Grenelle-Saint-Germain (rue), un mot ; Bar-sur-Seine, un mot ; 12 bis, un mot. Toutes les autres expressions composées sont comptées pour le nombre de mots employés à les formuler. Exemple : c'est-à-dire, 4 mots ; Prince de la Tour d'Auvergne, 6 mots ; sept-cent-soixante-cinq, 4 mots, etc.

73. — Les nombres écrits en chiffres et les groupes de lettres exprimant des marques de commerce ou de fabrique, comptent pour autant de mots qu'ils renferment de fois cinq caractères, plus un mot pour l'excédant, s'il y a lieu. Exemples : 785,235, 2 mots ; colis A M B, 2 mots (colis, 1 mot ; A M B, 1 mot).

74. — Les lettres ajoutées aux chiffres pour désigner les nombres ordinaux sont comptées chacune pour un chiffre. Exemple : 9346mo, 2 mots.

75. — Tout chiffre ou lettre isolé est compté pour un mot ; il en est de même du souligné.

76. — Les signes de ponctuation, traits-d'union, guillemets, parenthèses, alinéas ne sont pas comptés ; sont toutefois comptés pour un chiffre les points, les virgules et les barres de division qui entrent dans la formation des nombres et des groupes de lettres. Exemples : 12,50, 1 mot ; 432 1/2, 2 mots ; P. F. D/C, 2 mots ; A. B/N, 1 mot.

77. — Les expressions 3 °/₀, 4 1/2 °/₀, etc. étant composées de deux nombres différents, sont comptées séparément : 3 °/₀, 2 mots ; 4 1/2 °/₀, 2 mots.

 78. — Toute dépêche émanant d'un poste, y passant ou y arrivant à destination définitive, est immédiatement enregistrée *in extenso* sur le registre des procès-verbaux du modèle annexé à la présente instruction, et prend le numéro d'ordre de la section qui lui est affectée. Chaque section a une série de numéros d'ordre absolument indépendante.

Dans la colonne d'observations de ce registre on consigne les renseignements de toute nature au sujet des incidents du service, tels que : non réponses, attentes prolongées, interruptions, dérangements, avaries aux fils ou aux appareils, etc., etc.

79. — Quand le poste est desservi par un seul et même agent, celui-ci parafe chaque page du procès-verbal. Lorsque plusieurs agents coopèrent à la transmission, chacun d'eux parafe la partie du procès-verbal qui se rapporte à son travail.

80. — Chaque date doit être nettement séparée des dates précédente ou suivante. A cet effet, à la fin de chaque jour ayant donné lieu à des transmissions, on tire un trait horizontal sur le registre, au-dessous de la dernière ligne de la série la plus remplie. Lorsqu'une transmission a lieu le lendemain ou les jours suivants, on inscrit immédiatement la date dans la colonne n° 1, réservée à cet effet.

Heures de transmission. 81. — Les postes télégraphiques étant établis dans les maisons habitées par les agents chargés de la transmission, les dépêches seront à toute heure de jour et de nuit reçues et expédiées. On ne saurait, sans encourir une grave responsabilité, se soustraire à cette obligation du service. Si, par exception, un poste devait rester abandonné pendant quelque temps, les postes voisins d'amont et d'aval devraient en être avisés, et l'on établirait à ce poste la communication directe. Mention de ce fait figurerait sur le registre des procès-verbaux du poste en question aussi bien que des postes voisins d'amont et d'aval, avec indication de l'heure à laquelle aurait commencé la communication directe et de l'heure à laquelle elle aurait cessé.

Interdiction absolue de se mettre en terre ou de s'isoler. 82. — Il est absolument interdit, sous quelque prétexte que ce soit, de mettre le paratonnerre à bobine en terre, à moins d'orage violent susceptible de produire des décharges électriques. Dans ce dernier cas, il en est fait mention au registre des procès-verbaux.

83. — Il est également interdit de la manière la plus expresse d'arrêter le passage des courants venant d'amont ou d'aval en plaçant les poupées des commutateurs autre

part que sur sonnerie, au repos, et sur la ligne en fonctionnement. La mise de la poupée sur communication
directe ne peut avoir lieu que dans les cas spécifiés à la
présente instruction, et il en est fait mention au registre
des procès-verbaux.

84. — Les agents exposeraient gravement leur responsabilité, si, sans motif de première nécessité, ils interrom-
paient à quelque heure que ce soit le passage des
communications, soit par la mise sur terre du levier du
paratonnerre à bobine, soit par le déplacement anormal
ou l'enlèvement des poupées des commutateurs. Les galvanomètres d'un poste attaquant permettent toujours de
se rendre compte de la position du poste attaqué. Au cas
où le poste attaqué ne répondrait pas, pour l'un des motifs
ci-dessus mentionnés, le poste attaquant en fera mention
immédiate sur son registre de procès-verbaux. Si l'interruption persistait, l'Ingénieur de l'arrondissement devrait
en être avisé sans retard.

85. — A la suite du sombrage d'un bateau aux abords
du barrage de Couzon, l'agent Pierre, chargé de la manœuvre du poste de Couzon, veut transmettre à l'Ingénieur ordinaire Louis, rue Saint-Brice, 53, à Mâcon,
l'annonce de cet accident. Il formule ainsi sa dépêche :

Louis Ingénieur rue Saint-Brice 53

Mâcon

Par fausse manœuvre le bateau de charbon Jean-Paul
à M. Auguste de Chalon a heurté pile en rivière et sombré
immédiatement à 8 h 35 matin — Barrage complètement
baissé — Eau à cote 2,97 — Aucune avarie aux ouvrages —
Mesures prises pour sauvetage.

Pierre.

86. — Cette dépêche part de Couzon à 9 heures 5.

Elle sera inscrite sous le n° 17 à la série A, sur le registre des procès-verbaux de Couzon, ainsi :

DATES	Nos d'ordre — Série A	HEURES d'expédition du commencement des dépêches.	DÉPÊCHES Expédiées par le poste	HEURES d'accusé de réception de la fin des dépêches par le poste correspondant
22 janvier	17	9 h. 5 M.	Louis ingénieur - rue Saint-Brice 53 - Mâcon - 47 mots. Par fausse manœuvre le bateau de charbon, etc. Pierre.	9 h. 27 M.

87. — Elle parviendra à destination de la manière suivante :

Couzon mettra la poupée du commutateur d'amont en (b_1). Il fixera la manette sur case impaire, l'y laissera quelques instants et la ramènera à ✠ en complétant le tour.

Port-Bernalin, après avoir transporté sa poupée mobile de sonnerie à ligne (soit de s en b) répond un tour ✠ P . B ✠ un tour ✠.

Couzon alors donnera un tour de ✠ à ✠ et transmettra : le préambule.

MACON ✠ DE ✠ COUZON ✠ N . O ✠ un tour ✠ un tour ✠ 17 ✠ un tour ✠ un tour ✠ 47 ✠ MOTS ✠ un tour ✠ un tour ✠ 22 ✠ Janvier ✠ un tour ✠ un tour ✠ 9 ✠ H ✠ un tour ✠ un tour ✠ 5 ✠ M ✠.

Puis, l'adresse,

LOUIS ✠ INGÉNIEUR ✠ RUE ✠ SAINT ✠ BRICE ✠ un tour ✠ un tour ✠ 53 ✠ MACON ✠.

Puis le texte,

PAR ✠ FAUSSE ✠ MANŒUVRE ✠ LE ✠ BATEAU ✠, etc., etc. ....
....

Enfin la signature et le final :

Plusieurs tours ✠ plusieurs tours ✠ PIERRE ✠ Z ✠.

Port-Bernalin comptera le nombre de mots reçus. Il

fera un tour de ✠ à ✠ et pointera MOTS ✠ un tour ✠ un tour ✠ 47 ✠.

Couzon répondra : un tour ✠ B ✠.

88. — Alors aura lieu le collationnement dans lequel Port-Bernalin répétera à peu près les mots suivants : Charbon - Jean-Paul - Auguste - Pile en rivière - 8 h. 35 - Baissé - 2.97 - Aucune avarie - Sauvetage.

Il terminera par B . C ✠.

Couzon répétera B . C ✠ et inscrira l'heure (9 heures 27) sur la dernière colonne (série A) de son registre.

89. — A Port-Bernalin, l'inscription de la dépêche se fera à la série B, ainsi :

DATES	N°ˢ d'ordre — Série B	HEURES de réception du commencement des dépêches dans le poste	HEURES de réexpédition des dépêches au poste correspondant	DÉPÊCHES pour d'autres postes	HEURES d'accusé de réception de la fin des dépêches par le poste correspondant
22 janvier	16	9 h. 5	9 h. 29	Mâcon de Couzon - n° 17 - 47 mots - 22 janvier - 9 h. 5 M. - Louis ingénieur - rue Saint-Brice 53. Par fausse manœuvre le bateau, etc.	9 h. 43

90. — Les mêmes formalités de transmission et de collationnement qui ont eu lieu entre Couzon et Port-Bernalin se répèteront entre Port-Bernalin et Thoissey. Lorsque Thoissey aura terminé et accusé réception (B . C ✠), Port-Bernalin répétera B . C ✠ et inscrira l'heure (9 heures 43) à la dernière colonne de la série B.

91. — Thoissey fera parvenir la dépêche à Mâcon, d'après le même système.

92. — Au dernier poste (Mâcon), la dépêche sera inscrite à la série C de la manière suivante :

DATES	N°⁸ d'ordre — Série C	HEURES de réception du commencement des dépêches	DÉPÊCHES Reçues par le poste	HEURES d'accusé de réception de la fin des dépêches
22 janvier	21	9 h. 45	De Couzon n° 17 - 47 mots - 22 janvier - 9 h. 5 M. Louis ingénieur - rue Saint-Brice 53. Par fausse manœuvre le bateau, etc.	9 h. 58

93. — A chacun des postes, d'ailleurs, on aurait inscrit, s'il y avait eu lieu, les incidents de transmission qui auraient pu se présenter. Par exemple, si Thoissey n'avait répondu à l'appel de Port-Bernalin qu'après 10 ou 15 minutes de sonnerie, ce dernier aurait signalé le retard à la colonne d'observations. Si Thoissey avait établi la communication directe entre Mâcon et Port-Bernalin, les deux registres de Mâcon et de Port-Bernalin en porteraient la mention.

Dépêches périodiques. 94. — On aura souvent à transmettre, en dehors des dépêches analogues à la précédente, qui sont dites *ordinaires*, des dépêches dites *périodiques* ayant trait à la hauteur des eaux du Doubs ou de la Saône ou à d'autres faits de manœuvres ou de service.

Les dépêches périodiques circulent, quel que soit leur point d'origine, sur tout le développement compris entre le bureau de départ et l'extrémité de ligne. Ainsi, une dépêche périodique envoyée de Couzon à Port-Bernalin, sera transmise successivement jusqu'à Navilly. De même une dépêche envoyée de Navilly à Verdun ira jusqu'à Lyon.

95. — Pour les dépêches périodiques, chaque poste transmettra au suivant, avec la dépêche qui lui sera arrivée, la cote et les renseignements propres à sa station particulière.

96. — Les hauteurs d'eau à partir desquelles ces dépêches devront être envoyées régulièrement, ainsi que les heures auxquelles elles seront transmises, seront ultérieurement portées à la connaissance des agents. Il en sera de même pour les autres faits donnant lieu à des dépêches périodiques. En tous cas, d'ailleurs, la règle précédemment tracée sera rigoureusement suivie.

97. — Voici un exemple de transmission d'une dépêche périodique.

Une crue du Doubs s'est manifestée dans la nuit du 17 au 18 mai. L'observateur apporte à 8 h. 15 au poste télégraphique la cote $3^m,15$ prise à 8 h. du matin, en ajoutant que la crue de $2^m,05$ en 12 h. continue avec autant d'intensité. Immédiatement l'agent de la manœuvre fait connaître cet incident.

98. — A cet effet il formule sa dépêche ainsi : Périodique – 8 h. matin – 3,15 – Hausse de 2^m05 en 12 heures – Crue continue avec même vitesse.

Il inscrit sur son registre à la série A :

DATES	N^os d'ordre — Série **A**	HEURES d'expédition du commencement des dépêches	DÉPÊCHES Expédiées par le poste	HEURES d'accusé de réception de la fin des dépêches par le poste correspondant
18 mai	69	8 h. 10 M.	Périodique - 8 h. M. - 3,15 - Hausse de 2,05 en 12 h. - Crue continue avec même vitesse.	8 h. 27

99. — Il transmet de la manière suivante :

Appel de sonnerie. Verdun répond : un tour ✳ V ✳ (V est l'indicatif de Verdun) un tour ✳.

Navilly envoie ,

1° Le préambule : un tour ✳ PÉRIODIQUE ✳.

2° Le texte : un tour ✳ un tour ✳ 8 ✳ H ✳ M ✳ un tour ✳ un tour ✳ 3,15 ✳ HAUSSE ✳ DE ✳ un tour

✠ un tour ✠ 2,05 ✠ EN ✠ un tour ✠ un tour ✠ 12 ✠ H ✠ CRUE ✠ CONTINUE ✠ AVEC ✠ MÊME ✠ VITESSE ✠ Z ✠.

' On ne met pas de signature.

Verdun qui a reçu, collationne comme à l'ordinaire et accuse réception (B C ✠). Navilly répète B C ✠ et inscrit l'heure (8,27) sur son registre.

100. — A Verdun la dépêche de Navilly est inscrite à la série C, ainsi :

DATES	Nᵒˢ d'ordre — Série C	HEURES de réception du commencement des dépêches	DÉPÊCHES Reçues par le poste	HEURES d'accusé de réception du commencement des dépêches
18 mai	53	8 h. 19 M.	Périodique - Navilly - 8 h. M. - 3,15 - Hausse de 2,05 en 12 h. - Crue continue avec même vitesse.	8 h. 23

101. — Aussitôt qu'il aura connaissance de la cote d'eau de Navilly, le poste de Verdun prendra la cote de sa propre échelle. Il transmettra alors au poste d'aval (Gigny) la dépêche suivante qui suppose que la petite Saône n'est pas en mouvement d'ascension.

PÉRIODIQUE.

Navilly - 8 h. matin - 3,15 - Hausse de 2,05 en 12 h. - Crue continue avec même vitesse.

Verdun - 8 h. 25 matin - 1,79 - Pas de crue de Saône.

La seconde partie de cette dépêche sera inscrite à la série A.

DATES	N°ˢ d'ordre — Série A	HEURES d'expédition du commencement des dépêches	DÉPÊCHES Expédiées du poste	HEURES d'accusé de réception de la fin des dépêches par le poste correspondant
18 mai	57	8 h. 25	Périodique - 8.25 M. - 1,79 - Pas de crue de Saône.	8 h, 37

102. — Gigny recevra, collationnera et donnera réception (B C ✖). Verdun répétera B C ✖ et inscrira l'heure (8 h. 37).

103. — Toutes dépêches émanant de Verdun seront inscrites par Gigny à la série C. Il prendra sa cote et transmettra au poste suivant (Mâcon) de la manière dite pour Verdun, en inscrivant à la série A la portion qui lui sera personnelle.

Mâcon, Thoissey, Port-Bernalin, Couzon et l'Ile-Barbe agiront de même, de telle sorte que le dernier bureau d'aval (Ingénieur en chef à Lyon) recevra à la fois toutes les cotes entre Navilly et Lyon ainsi que les observations que les agents auront jugé utile de produire sur la continuation ou l'arrêt probable de la crue.

104. — La même règle s'appliquerait à partir de l'aval, c'est-à-dire qu'un poste donnant sa cote à celui d'amont par dépêche, ce dernier devra, en la transmettant à son voisin du haut, produire sa propre cote et ainsi de suite jusqu'au dernier poste d'amont.

105. — Les Ingénieurs seuls sont juges de savoir s'il convient d'arrêter à leur poste une dépêche périodique arrivant d'amont ou d'aval sans la transmettre au poste d'aval ou d'amont. Tous les autres agents sont strictement tenus de les réexpédier en y ajoutant les données de même nature afférentes à leur station.

106. — Si l'on compare les dépêches ordinaires aux dépêches périodiques, on voit que ces dernières ne s'écartent des règles tracées pour les premières que sur les points suivants :

1° Le préambule se réduit au mot Périodique, par la suppression des renseignements sur le lieu de destination, sur le numéro d'ordre, sur le nombre des mots, sur la date et l'heure du départ. Ces divergences sont faciles à expliquer : il n'y a plus de lieu de destination spéciale ; au fur et à mesure qu'on avance, le numéro d'ordre et le nombre des mots changent à chaque poste ; et enfin la date et l'heure de départ sont très-suffisamment indiquées par l'heure d'observation de cote qui figure à la dépêche ;

2° La signature n'est pas exigée, car l'agent chargé de la manœuvre prend la responsabilité de sa dépêche et signe d'ailleurs le registre des procès-verbaux.

107. — Dans ces dépêches périodiques, les agents s'attacheront à signaler, comme on le fait actuellement dans les bulletins de crues, tous les faits de nature à éclairer sur la hauteur probable de la crue, sur les dangers imminents et les précautions prises à chaque station.

Proposé par l'Ingénieur ordinaire soussigné.

Mâcon, le 23 novembre 1874.

BIDAULT.

Vu et approuvé
par l'Ingénieur en chef soussigné.
Lyon, le 25 novembre 1874.

CONTE-GRANDCHAMPS.

Lyon, Imp. X. Jevain, rue Sala, 42.

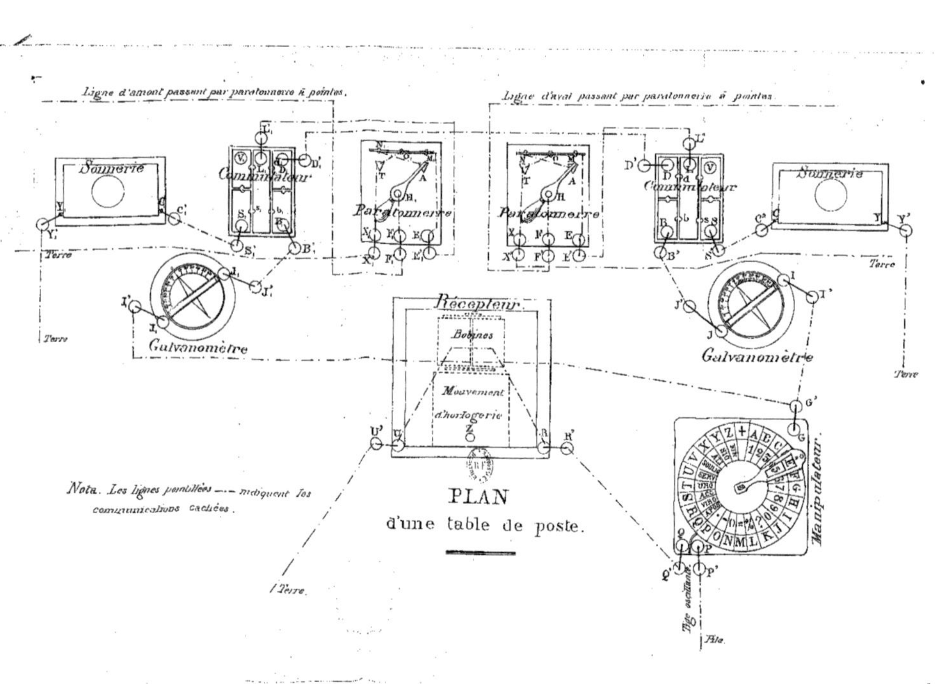

PLAN
d'une table de poste.